"Pensieri e parole,

tra monti e valli,

alla luce dei tempi odierni"

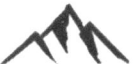

Raccolta di alcuni pensieri scritti ai tempi
della pandemia da Covid-19

di

FRANCESCO PIO CASANOVA

Indice

Introduzione

"Pensieri e parole, tra monti e valli, alla luce dei tempi odierni", racchiude una raccolta in cui si descrivono delle riflessioni sull'esperienza personale vissuta in montagna tra l'alto Cadore e la valle Ampezzana delle Dolomiti Bellunesi durante i tempi della pandemia da Covid-19.

"Troverai più nei boschi che nei libri. Gli alberi e le rocce ti insegneranno cose che nessun maestro ti dirà" (Bernardo di Chiaravalle).

"Tutto tace"

Il mondo tace,

tutto tace.

Il soffiar del vento

si ode dalle montagne.

Il respiro si avverte

solo nelle nostre case,

i raggi del sole

illuminano le nostre finestre.

Il risveglio della primavera,

il rintocco delle campane,

l'attesa del ritorno

tutto tace.

Il silenzio della vita ode dicendo:

fermati a riflettere

dove tutto tace

ma il nostro cuore

parla nel segreto.

"I voli degli angeli"

Nel tempo forte

nascono grandi sfide

e allo stesso tempo

cedono i deboli.

I numeri salgono

aumentano

i voli degli angeli

che ci salutano da lassù

ma noi non possiamo da qua giù.

Il saluto si chiude in casa

si apre solo tra i propri cari

abbraccia il calore umano

su quegli angeli rimasti.

"L'attesa del ritorno"

La paura dell'incontro

la voglia di proteggersi

dello stare in guardia

e del discutere in rete

ci rende unici.

L'attesa del ritorno

riflette i desideri

all'orizzonte.

Il ritorno alla quiete

ci renderà più lucidi

e trasparenti.

"Tempo di tenerezza"

Giorni che fanno la storia

tempi da vivere

e sogni da rimandare.

La fatica sopravvive in noi

con l'amaro in bocca

che ci lascia indifesi.

L'amarezza e la tenerezza

sono lo spettro dell'oggi.

La tenerezza è l'unica ancora

a nostro favore.

I nostri volti si aggrappano ad essa

per condurci verso nuove mete.

"Il sorriso degli occhi"

Forse è arrivato il tempo

di scavare il tesoro

dentro di noi

attraverso il sorriso degli occhi.

Oggi

sono gli occhi ad esprimere

il nostro stato d'animo.

Gli occhi non possono essere mascherati

esprimeranno sempre il nostro desiderio

di sorridere con lealtà e profondità

alle ragioni della vita.

"Perdonare ... per donare"

Per donare occorre perdonare.

Ogni persona

cerca il suo messaggio di speranza

tale da poterlo coltivare e condividere

dopo il proprio perdono.

Occorre un lavoro interiore

per poter perdonare.

Esso costa tempo e fatica:

questo è il prezzo del perdono

affinché possa valere.

Ognuno di noi è un dono

perciò occorre sempre

perdonare...per donare.

"Sguardo verso la natura"

Si intravedono

le spiagge come deserto

gli orti senza semi

gli otri senza vino.

I monti aspettano

di essere percorsi.

Le lagune tornano a respirare

i pesci riprendono a vivere.

In attesa di una pesca miracolosa

tutti possono elevare

lo sguardo verso la natura

respirando il creato che ci circonda.

"Il miraggio delle montagne"

Le montagne

i veri monumenti naturali

colorano le valli

coronano i villaggi.

Le crode invitano ad alzare lo sguardo

verso la terrazza della Terra.

Le loro forme geometriche

arricchiscono gli artisti

a disegnare le loro ricchezze.

I loro nomi si ricercano

tra gli scritti delle loro leggende.

Le loro catene

svegliano il cammino

della libertà dell'uomo.

Il miraggio delle montagne

riflette sui laghi

come forma di ammirazione e messaggi da più viste.

"La fotografia: l'arte dell'istante"

La fotografia è l'arte del ricordare.

La mente ripassa le sue origini

descrive le circostanze vissute

ricorda il suo profumo

rimanda alle emozioni

incontrollate ed inaspettate.

Cogliere l'attimo

descrive la sincerità

unica e irripetibile.

Scattare, sfogliare, raccontare

una fotografia è l'arte dell'istante

perché in quel momento

tu sei il vero artista.

Un istante che dura per sempre.

"Il silenzio"

La domenica, ancor di più,

nasce il silenzio

avvolto tra larici ed abeti.

Nel bosco si nasconde il silenzio

immerso tra i ruscelli dei monti.

Tra le valli

il rumore

è coperto dal silenzio autunnale

ormai giunto al termine.

Il soffiar del vento

smuove il silenzio dentro di noi.

Ritrovare il silenzio

non è un tempo perduto

è un orizzonte da ricercare.

"Calor"

Davanti all'uscio

in attesa del levar del sole

nascosto tra nubi e vette

odo le campane rintoccare.

Con passo silente

mi accingo ai doveri.

Il primo camminar soffice

segna i passi della via percorsa.

Al calar del sole

calor mi attende

con tanto amore.

"Neve"

Tetti spioventi ricoperti

prati imbiancati

sole nascosto tra nubi

profumo di bianco si avverte.

Il cinguettio ormai lontano

svela il silenzio intorno.

La montagna

indossa il suo abito

il paesaggio si incanta.

"Lanterna per la via"

Quando l'ombra

non si riconosce

quando gli abeti

sì decorano

quando la natura

si mimetizza

è il bianco prevale.

È la lanterna

per la via

ad illuminare i passi

del lungo camminar

per alte vie.

"Il ruscello"

Da monte Antelao, tu provieni

a valle cadorina, tu ti distendi.

Il tuo moto si dissolve

come rumore tra sentieri.

Il tuo corso

diffonde suoni:

chi si sofferma

ascolta la tua melodia

donando rinfresco e ristoro.

Tu, fresca sorgente

rappresenti la vita.

"La cascata"

La tua gravità

dona spettacolo naturale

il tuo riversamento

risveglia pascoli ed alpeggi.

Nei tuoi pressi

sì medita la tua sinfonia.

Per i viandanti

trasmetti armonia

ed un lieto ritorno.

"Il lago"

Al sorgere del sole

brilli come il mare

luccichii di trasparenza

inviti molti a specchiarsi.

Al tramonto lasci

ombra e solitudine.

I tuoi segni

di vigilanza e quiete

ci conducono

ai richiami della riflessione.

"Le stagioni in montagna"

Le nubi dai monti

scivolano tra le valli

si ode solo il rintocco

dei campanili ormai offuscati.

I raggi del sole

scaldano ed illuminano le case

il paesaggio prende forma.

La sensazione del fresco

stagiona tutto l'anno

mentre le piogge estive

fanno da sentinella.

La desiderata imbiancata

inverdisce i prati in primavera.

Il soffiar del vento

smuove le nuvole

per regalare splendore

all'immenso circoscritto.

"A te, monte Antelao"

A te, monte Antelao, re delle Dolomiti

che ti imponi lungo la val Boite.

A te, roccia forte

piramide inconfondibile.

A te, sentinella

della tua regina Marmolada.

A te, splendore di mezzo

tra le vette

delle Marmarole e del Sorapiss.

La tua massima bellezza

si ammira

ad ogni tramonto.

"Tu monte Pelmo"

Tu, monte Pelmo

grosso sasso compatto

massiccio imponente

sedia del trono di Dio.

Un tempo

peloso e boscoso monte

che ospitavi il pascolo.

Oggi, circo glaciale

rappresenti per molti

il più bello delle Dolomiti.

Al sorgere del sole

infondi luminosità alle valli.

"Per te lago di Misurina"

Per te, lago di Misurina

perla delle Dolomiti

culla delle Tre Cime di Lavaredo.

Ti distendi tra le vette dei Cadini

e ti specchi tra il gruppo

del Sorapiss e del Cristallo.

Nella forma circolare più ampia

infondi la purezza dell'aria.

Tu, che al sole regali lucentezza

d'inverno ti distendi

come pista di ghiaccio

da te nascono

le alte forme di pensiero.

"I passi Dolomitici"

A voi, passi Dolomitici

anelli delle montagne.

A voi, valichi

di confine tre le valli

delineate i passaggi tra le vette.

I vostri apici

ricordano le imprese di molti sportivi

che con cura faticano

i traguardi desiderati.

I vostri tornanti

 giungono alle visioni più ammirevoli.

"Regina Cortina"

In te, mi sono rifugiato

tu hai cullato parte dei miei giorni.

Da te, regina delle Dolomiti

si osservano panorami immensi.

Le tue Tofane olimpioniche

rappresentano la tua identità.

Il tuo mantello veste tra le vette

del Pomagagnon e del Cristallo.

Le viste in alta quota

dal Faloria e dalle Cinque Torri

sono l'insegna della tua corte.

Chi ti percorrerà

racconterà emozioni ampezzane.

"Le Tre Cime di Lavaredo"

Tu, che punti verso il cielo

come tre dita compatte e delineate.

Le Tre Cime di Lavaredo

come meraviglia e confine tra

Sesto ed Auronzo.

Il vostro aspetto vi caratterizza

come simbolo delle Dolomiti.

La tua cima grande centrale

costeggiata tra la cima piccola

e la cima ovest

diventa oggetto di immagine.

La tua forma grafica

è impressa come

immagine peculiare

dagli amanti della Montagna.

Riflessioni desunte dal mio vissuto esperienziale

In montagna vivi un'altra dimensione della vita. Puoi fare un'esperienza di idee diverse dal comune.

Il tempo in montagna sembra passare più lentamente: porsi degli obiettivi a breve o medio tempo è un rimedio efficace.

Per alcuni, la montagna è vita.

Montagna d'inverno e mare d'estate: dipende dalla prospettiva.

Non si è mai troppo esperti per affrontare la montagna.

È anche vero che alcune passioni puoi praticarle solo in montagna.

La vita in montagna risulta più difficile per i meno agi della città.

I benefici dell'allenamento in montagna sono molteplici. Sperimenta il tuo successo.

Passeggiare lungo i percorsi montani circondati da laghi produce un benessere psicofisico.

I percorsi in alta quota producono sensazioni positive.

La preparazione atletica in altura migliora le prestazioni atletiche.

La fatica durante le salite consente un rinforzo muscolare naturale.

Correre in montagna facilita l'eliminazione di tossine.

La pedalata costeggiata tra prati e vette allontana i pensieri negativi.

Passeggiare lungo i boschi montuosi favorisce il buonumore.

La neve in montagna porta ricchezza ma soprattutto vita per tutti attraverso la prima fonte: l'acqua.

L'acqua potabile arriva più della metà dai ghiacciai.

Grazie alle abbondanti nevicate i prati fioriscono ed inverdiscono per ricavare i fieni.

Dall'osservazione di un paesaggio montuoso possono nascere grandi sensazioni.

La montagna estiva ripara dal caldo torrido.

Prima delle grandi nevicate occorre arricchire la dispensa in casa.

Coperte e felpe potrebbero servire anche nella breve estate montana.

Durante la fine dell'estate fare il rifornimento di legna è ideale per affrontare l'inverno.

Significato della simbologia della montagna:
elevazione, centro e stabilità.

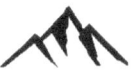

"Non è importante quanto sei occupato, trova il tempo per riflettere, pensare, dare e pianificare" (Jim Rohn).

Dedica:

questa raccolta la dedico a Voi che siete le vette più belle del mondo: "le Dolomiti".

Copertina foto di Vodo di Cadore (Bl),
scritto nell'anno 2020, finito di stampare luglio 2024.

Autore: **Francesco Pio Casanova**